Alle reden vom Wetter

Ein Rätselbild

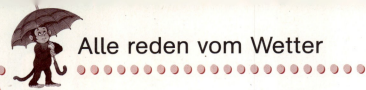

Wörter im Bild: Jahr, baden, Woche, schwimmen, Zeit, spielen, krumm, Tag, lernen, singen, Monat, sonnig, windig, Sommer, wachsen, warm, heiß, Mond, fahren, laut, kalt, fröhlich, rot, Winter, lustig, Bett, schreiben, Frühling, leise, rund, still, Herbst, leben, liegen, Sonne

1. Male alle Felder farbig aus:
   die Namenwörter grün, die Tunwörter gelb, die Wiewörter braun.

2. Ordne die Wörter hier so:

Namenwörter:

Tunwörter:

Wiewörter:

Wortarten: Namenwort; Tunwort; Wiewort

Alle reden vom Wetter

Eine Wettergeschichte

Aus dem Wolkenbild soll ein Wörternetz entstehen, das du für deine Geschichte verwenden kannst.

1) Schreibe die Wörter in die Wolken.
2) Verbinde die Wolken durch Striche.

3) Wird es eine lustige, spannende, ... Wettergeschichte? Suche die passenden Wörter aus. Wie heißt die Überschrift?
4) Schreibe deine Wettergeschichte ins Heft.

Assoziationen; Schreibziel suchen; Geschichte erzählen

Alle reden vom Wetter

Drei Wortfamilien

Wolke, Windrichtung, Windstille, bewölkt, wärmer, windig, Aufwind, Wärme, Wind, wolkig, warm, Regenwolke, aufwärmen, Sommerwind, Federwolke, wärmen, am wärmsten, Schäfchenwolke, Bewölkung

1. Ordne die Wörter nach Wortfamilien.
   Schreibe sie getrennt voneinander auf:
   Wolke: …, Wärme: …, Wind: …

2. Findest du noch mehr passende Wörter? Schreibe sie in dein Heft.

Sechs Wortfamilien

tropfen, regnen, stürmen, schneien, hageln, donnern

3. Bilde Wortfamilien.
   Suche möglichst viele passende Wörter und schreibe sie auf:
   tropfen: es tropft, tröpfeln, tropfnass, der Tropfen, …

Wortfamilie; verschiedene Formen eines Wortes; Schreibung herleiten

Alle reden vom Wetter

Wetterwörter und Herbstwörter

1) Findest du die acht Wörter mit doppeltem Mitlaut? Übermale sie farbig und schreibe sie dann auf.

```
A R G X D Y S Z U
P F E N O M O A J
E K W H N D N V L
D S I N N Z N K A
W E T T E R E L S
I S T M R C X A S
U V E N W M R Z E
T S R F A L L E N
B L Ä T T E R T U
```

2) Sprich die Silben der Wörter und schwinge dazu: <u>We</u>tter, ...

3) Schreibe die Wörter dann so auf: *Wet-ter, ...*

4) Suche noch acht Wörter mit mm, nn, rr, ss, tt. Schreibe sie auf. Sprich die Silben und schwinge dazu.

Silbenrätsel

drü- pa- ni- cke Brü- cken
lo- tro- cker cken cken bli- cke Stü-
cken cken cke E-

5) Welche Silben gehören zusammen? Schreibe so: *lo-cker, locker; ...*

6) Sprich die Wörter deutlich, schwinge die Silben: <u>lo</u>cker, ...

Mitlautverdopplung; Wörter gliedern; Silben; Silbentrennung

Alle reden vom Wetter

Drei Wortarten

Der Sturm wirbelt grüne und braune Blätter durch die Luft.
Helle Blitze zucken und lauter Donner dröhnt.
Dann klatschen dicke Tropfen gegen das Fenster.
Nach kurzer Zeit scheint die Sonne wieder.

1) Suche die neun Namenwörter, die fünf Tunwörter und die sechs Wiewörter im Text.
Übermale sie mit verschiedenen Farben.

2) Schreibe die Wörter geordnet auf.

Namenwörter:

Tunwörter:

Wiewörter:

Wörter verändern sich

- der Baum, des Baumes, die Bäume, den Bäumen, …
- wachsen, ich wachse, du wächst, sie wächst, ihr wachst, …
- fröhlich, fröhliche, fröhliches, am fröhlichsten, …

3) Verändere diese Wörter und schreibe sie auf:
Jahr, Woche, spielen, lachen, lustig.

Wortarten: Namenwort; Tunwort; Wiewort; verschiedene Formen eines Wortes

Alle reden vom Wetter

Ein Satzrätsel

IndenFerienwarenwiroftschwimmen.
WirbesuchteneinenBauernhofmitvielenTieren.

1) Kannst du die Sätze lesen?
Trenne die Wörter durch Striche ab. Schreibe die Sätze dann auf.

Drei Satzarten

Kannst du mir bitte einen Bleistift geben☐ Hast du
selber keinen☐ Ich habe mein Mäppchen vergessen☐
Vergiss bloß morgen deinen Kopf nicht☐ Hör sofort mit solchen
dummen Sprüchen auf☐ Gibst du mir jetzt den Stift☐
Meinetwegen, hier hast du ihn☐ Sei doch nicht so unfreundlich☐
Erst gestern habe ich dir meinen Füller geliehen☐

2) Schreibe die Sätze ab und setze die richtigen Satzzeichen.
(3-mal ., 3-mal ?, 3-mal !)

Satz; Satzarten: Aussage-, Frage-, Aufforderungssatz; Groß- und Kleinschreibung; Zeichensetzung

Zusammen leben

Nach dem ABC ordnen

Du suchst Wörter im Wörterbuch. Damit es schneller geht, ordnest du die Wörter zuerst nach dem ABC.

1) Ordne jede Wörtergruppe nach dem ABC.
Ordne so: *Freundin – Junge – Mädchen.*

Mädchen – Junge – Freundin

Geschichte – Diktat – Winter

Welt – Tasche – Obst

Zimmer – Haus – Sommer

Auf den zweiten Buchstaben kommt es auch an

Im Wörterbuch stehen viele Wörter mit dem gleichen Anfangsbuchstaben. Diese ordnest du nach dem zweiten Buchstaben.

2) Ordne diese Wörtergruppen nach dem zweiten Buchstaben.
Ordne so: *Aal – Abend – Advent.*

Abend – Aal – Advent

Mode – Mutter – Maus

Buch – Benzin – Baby

Februar – Finger – Fach

Freunde – Fuchs – Flasche

3) Ordne auch diese Wörter wie im Wörterbuch.
Tipp: Schreibe jedes Wort zuerst auf ein Kärtchen.
Ordne sie auf dem Tisch.

Post   Preis   Pfau   Platz   Pilot   Pech   Paar   Psalm   Physik

Alphabet; Wörterbuch

Zusammen leben

Im Wörterbuch suchen

1) Suche die Wörter in deinem Wörterbuch.

	im Wörterbuch auf Seite	Wort davor	Wort danach	1. Wort in der Spalte	letztes Wort in der Spalte
Fest					
Bahn					
Auge					
Datum					
Zeitung					
Wiese					
Sand					
Schmutz					
Meter					
Kopf					

Wörtersuchspiele

2) Erfinde selbst Wörtersuchspiele.

3) Welches Wörtersuchspiel spielt ihr am liebsten?

Alphabet; Wörterbuch

Zusammen leben

Schreiben – mit Gefühl!

Jeder fühlt sich anders.

① Wie fühlen sich die Kinder? Schreibe es auf.

② Schreibe auf: wobei du dich besonders wohl gefühlt hast,
    wobei du dich nicht besonders wohl gefühlt hast.

nach Vorgaben schreiben; für sich schreiben

Zusammen leben

Gute Freunde?

Petra, Jens und Frauke waren gute Freunde.
Doch gestern …

1) Wie geht die Geschichte wohl weiter?
Male die letzte Szene in das freie Kästchen.

2) Schreibe die ganze Geschichte auf.

nach Vorgaben schreiben; Geschichte erzählen

Zusammen leben

Sätze ergänzen

Maria hat sich verspätet. Ihre Mutter ist wütend.
Maria sagt:
„Das kann doch einmal _____."

Stefan wünscht sich zum Geburtstag ein Buch.
Seine Tante Anja meint:
„Vielleicht wirst du es zum Geburtstag _____."

Svenja fährt mit dem Bus zu ihrer Freundin Meike.
Die beiden telefonieren vorher.
Svenja verspricht:
„Ich werde bei dir um zwanzig nach drei _____."

1) Diese Wörter fehlen: ankommen, vorkommen, bekommen.
   Schreibe sie in die Lücken.

Vertauschte Wörter

„Um neun Uhr werden wir gemeinsam vergehen."
„Die Zeit wird schnell weggehen."
„Ich komme gleich nach. Willst du schon ergehen?"
„Bis morgen! Lass es dir gut vorgehen!"

2) Wie heißen die Sätze richtig? Schreibe sie auf.

_____

_____

_____

_____

3) Denke dir selbst solche vertauschten Sätze aus
   und schreibe sie in dein Heft.
   Du kannst z. B. diese Wörter benutzen:
   suchen – versuchen – besuchen,
   laufen – verlaufen – ablaufen,
   fallen – abfallen – zerfallen, …

Tunwort; Inhalt erschließen; vorangestellte Wortbausteine

Mädchen und Jungen

Die Erzählkiste

Hier siehst du Wortkarten und Bildkarten aus einer Erzählkiste.

Geburtstag

Drachen

Geräusch

Hexenhaus

1 Schreibe zu jeder Karte einen Satz auf.

2 Schreibe mithilfe der Sätze deine eigene Geschichte ins Heft.

3 Nach der Schreibkonferenz verbesserst du deine Geschichte.

nach Vorgaben schreiben; Geschichten erzählen; Schreibkonferenz; Texte überarbeiten

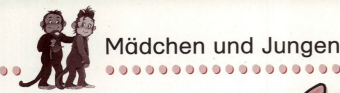

Mädchen und Jungen

Die Schreibkonferenz

Der Drache im Apfelbaum

Ich bin aufgestanden. Ich ging in die Küche. Da sah ich meine Mutter. Sie machte gerade das Frühstück. Sie fragte mich, ob ich mit ihr einkaufen möchte. Ich sagte: „Nein, ich möchte nicht mitgehen."
Dann ging ich in den Garten und kletterte auf den Apfelbaum. Und dann merkte ich, dass der Baum eine kleine Höhle hatte. In dem Baum wohnte ein kleiner Drache. Der kleine Drache ist auf einer Schatztruhe gesessen. Ich fragte ihn, ob ich einmal in die Truhe hineingucken könnte. Der Drache sagte: „Ja klar!" Und dann öffnete er die Schatztruhe und ich sah hinein. Die ganze Truhe war voller Gold. Der Drache schenkte mir die ganze Kiste.
Der Wecker klingelte. Ich wachte auf. Da merkte ich, dass alles nur ein schöner Traum war.

1) Verbessere den Text im Heft.

2) Schreibe weitere Verbesserungsvorschläge auf.

_____

_____

_____

3) Besprecht und verbessert eure Texe in der Schreibkonferenz.

Schreibkonferenz; Texte überarbeiten

Mädchen und Jungen

Was passt zusammen?

Babys — streiten und vertragen sich wieder.
Mütter und Väter — spielen zusammen.
Freundinnen — nuckeln an der Flasche.
Sarah und Florian — müssen ihre Kinder oft trösten.

1) Schreibe vier Sätze auf.

2) Vergleicht eure Sätze miteinander. Habt ihr alle die gleichen?

3) Bilde mit den Satzstreifen vier andere Sätze.

4) Unterstreiche in allen acht Sätzen, wer etwas macht: *Babys*, …

5) Unterstreiche die übrigen Wörter in den acht Sätzen mit einer anderen Farbe.

Satzglieder; Sätze bilden; ersetzen; umstellen

Mädchen und Jungen

Silbenrätsel

1) Verbinde die passenden Wortsilben.
   Schreibe so: *spie-len, spielen; …*

Silben linke Spalte: spie-, krie-, zie-, die-, Tie-, bie-, zie-, lie-, Zie-, wie-
Silben rechte Spalte: ser, re, gen, len, len, hen, ge, gen, fern, gen

2) Setze alle ie in ein Dreieck: sp△ie-len, sp△ielen; …

3) Schwinge die Silben der zehn Wörter.

Tunwörter mit ie

4) Ordne nach der Wortart: friedlich, fliegen, Spiel, spielen, lieb, Riese, tief, Tier, liegen, vier, Ziege, Wiese, schief, sie, Spiegel, die, nie, zielen, Wiege, hier, lieben, niedlich, siegen, diesen, Fliege, kriegen, wie viel, wieder, Ziel, ziemlich.

Namenwörter (9)	Tunwörter (7)	Wiewörter (5)	andere Wörter (10)

5) Schwinge die Silben der Wörter.

Wörter gliedern; Silben; ie; Wortarten

Schau doch mal!

Was machen wir heute?

Sarah, Daniel und ihre Eltern überlegen, was sie zusammen unternehmen wollen.
Sarah fällt etwas ein▢ ▢Wir könnten doch ins Urzeitmuseum gehen.▢
Daniel meint begeistert▢ ▢Dort gibt es Dinos, Klasse!▢
Ihre Mutter ist einverstanden. Ihr Vater sagt▢
▢Dafür müssen wir uns aber genügend Zeit nehmen.▢
Sarah fragt▢ ▢Können wir danach noch Oma besuchen?▢
Daniel stimmt auch dafür.
Rasch suchen sie alles zusammen, was später noch gebraucht wird.
Dann drängt ihre Mutter▢ ▢Jetzt aber schnell zum Bus.
Er fährt in zehn Minuten ab.▢

1) Setze die Redezeichen richtig ein.

2) Suche im Lesebuch noch mehr Sätze mit wörtlicher Rede. Schreibe sie auf.

wörtliche Rede; Zeichensetzung

Schau doch mal!

Briefe richtig adressieren

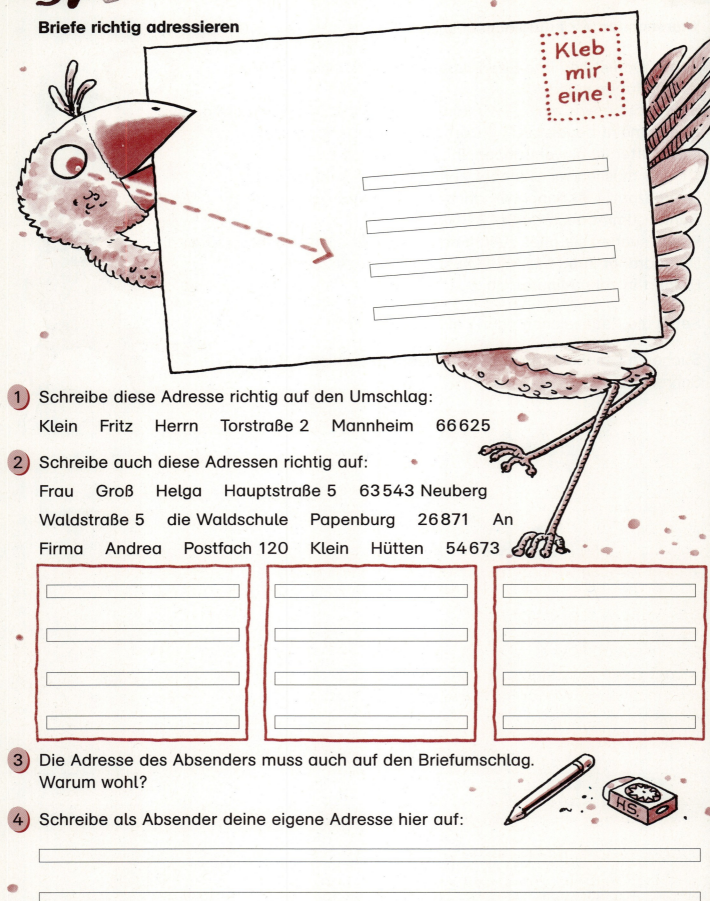

1) Schreibe diese Adresse richtig auf den Umschlag:

Klein   Fritz   Herrn   Torstraße 2   Mannheim   66625

2) Schreibe auch diese Adressen richtig auf:

Frau   Groß   Helga   Hauptstraße 5   63543 Neuberg

Waldstraße 5   die Waldschule   Papenburg   26871   An

Firma   Andrea   Postfach 120   Klein   Hütten   54673

3) Die Adresse des Absenders muss auch auf den Briefumschlag. Warum wohl?

4) Schreibe als Absender deine eigene Adresse hier auf:

an andere schreiben; Adresse; Absender

Schau doch mal!

Wörter mit ä, ö, ü, äu nachschlagen

ärgern, zählen, öffnen, stören, übrigens, süß, äußerlich, häufig

1. Ordne die Wörter nach dem Alphabet.

2. Suche die Wörter im Wörterbuch.
Schreibe auch das Stichwort davor und das Stichwort danach auf: *arg – ärgern – arm, ...*

3. Wo stehen die Wörter mit Umlauten in deinem Wörterbuch?
Wie sind ä, äu, ö, ü, eingeordnet?
Kannst du eine Regel finden?
Im Wörterbuch werden die Umlaute behandelt wie [   ].

Wusstest du das schon?

Der Umlaut ä ist aus ae entstanden, ö aus oe und ü aus ue.
Man schrieb Schaefer, Loesung, Kueche, ...
Deshalb waren Wörter im Wörterbuch so geordnet:
Schaefer – Schaf, ...
Loesung – Los, ...
Schuessel – Schuss, ...
Im Telefonbuch sind die Namen heute noch so geordnet.

4. Überprüfe es im Telefonbuch und schreibe Beispiele ins Heft.

5. Schau in anderen Büchern nach, die nach dem Alphabet geordnet sind (z. B. Lexikon, ...).
Was stellst du fest?

Umlaute; Alphabet; Wörterbuch; nachschlagen

Schau doch mal!

So ein Durcheinander!

Auf der Treppe liegen drei <u>B</u>leistifte, ein Stück <u>D</u>raht,
zwei <u>B</u>lätter <u>b</u>laues Papier, eine trockene <u>B</u>lume,
ein <u>B</u>rief mit vielen <u>G</u>rüßen von Frauke und ein leeres <u>G</u>las.
Was ist da wohl passiert?

① Sprich die Wörter mit den unterstrichenen Buchstaben deutlich.

② Ordne diese Wörter nach dem Wortanfang.

Bl/bl

Br/br

Dr/dr

Gr/gr

Gl/gl

③ Suche in der Wörterliste oder im Wörterbuch jeweils noch
   mehr Wörter mit Bl/bl , Br/br , Dr/dr , Gl/gl , Gr/gr am Anfang.
   Trage sie oben ein.

④ Übermale bei den Wörtern die beiden Mitlaute am Anfang farbig.

Falsch zusammengesetzt

br|uten   Gr|att   Br|itz
br|eich
gl|aun   bl|auchen   Bl|ücke   gl|eifen
Bl|as
gr|auben

⑤ Setze die Wörter richtig zusammen.
   Übermale die Mitlaute am Wortanfang farbig.

Mitlauthäufungen im Anlaut; nachschlagen

Was essen wir heute?

Das Frühstücksbrot

Ein gesundes Frühstücksbrot
sieht gut aus
und schmeckt gut.

① Male dein Brot.
Denke daran:
Auch das Auge
„isst" mit.

② Schreibe das Rezept
für dein Brot auf.
Beginne so:
Zutaten: Für mein Frühstücksbrot brauche ich …

Zubereitung: Zuerst …

③ Schreibe noch ein Rezept auf, das du kennst, z. B. für Obstsalat, …

Rezept; schreiben zur Gedächtnisentlastung; Textaufbau; folgerichtig erzählen; Sätze bilden

Was essen wir heute?

Wie backte man früher?

Früher rührte und knetete der Bäcker den Brotteig mit der Hand. Danach formte er die Brote und die Brötchen. Die Gesellen heizten den Steinofen mit Holz. Wenn der Ofen heiß war, räumte ein Geselle die Asche und das glühende Holz aus. Erst dann schob der Bäcker die Backwaren hinein. Je nach Sorte blieb das Brot längere oder kürzere Zeit im Ofen.

1) An welchen Wörtern erkennst du, dass der Text von der Vergangenheit erzählt? Übermale diese gelb.

2) Unterstreiche alle Tunwörter blau.

3) Trage alle Tunwörter in die Tabelle ein.

Grundform	Gegenwart (er, sie, es)	Vergangenheit (er, sie, es)
rühren	*rührt*	*rührte*

4) Suche Tunwörter zum Thema „essen". Schreibe sie in die Tabelle.

Tunwort; Zeitstufen; verschiedene Formen eines Wortes

Was essen wir heute?

Wie backt man heute?

Heute rührt, ☐ und ☐ eine Maschine die Brote und Brötchen. Der Bäcker ☐ den Stahlofen mit Öl, Gas oder Strom. Der Geselle ☐ den Ofen auch nicht mehr aus, bevor der Bäcker die Backwaren hinein☐.

Auch heute ☐ die eine Brotsorte länger im Ofen als eine andere: Weizenmischbrot etwa 50 Minuten, Vollkornbrot etwa 70 Minuten.

1. Ergänze die fehlenden Tunwörter – du kannst auf der Seite vorher nachschauen, wenn du willst.

Beim Frühstück

2. Kreuze die Sätze an, die erzählen, was vergangen ist. Unterstreiche das Tunwort.

- ○ Maria isst Müsli.
- ○ Stefan strich sich ein Brot.
- ○ Die Mutter steht auf und holt Milch.
- ○ Die Mutter las die Zeitung.
- ○ Der Vater gießt Tee ein.
- ○ Maria und Stefan räumten den Tisch ab.

3. Ergänze die Tabelle.

Grundform	Gegenwartsform (du)	Vergangenheitsform (du)
	kochst	
		vergaßt
essen		
		sprachst
		strichst
	liest	
		gossest

Tunwort; Zeitstufen; verschiedene Formen eines Wortes; Mitlauthäufungen im Auslaut

Was essen wir heute?

Der Einkaufszettel

Heute soll Stefan einkaufen.

1) Schreibe Stefans Einkaufszettel.

schreiben zur Gedächtnisentlastung; Merkzettel

Was essen wir heute?

Schneller einkaufen

Damit du beim Einkaufen keine Zeit verlierst, musst du die Waren auf dem Zettel ordnen.

1) Was kaufst du ein? Schreibe auf.

Obst und Gemüse

Backwaren

Milchprodukte

Käse, Wurst, Fleisch

Beilagen (Reis, Nudeln, …)

Getränke

Namenwort; Sammelnamen; Oberbegriffe

Was essen wir heute?

Auf unserer Speisekarte

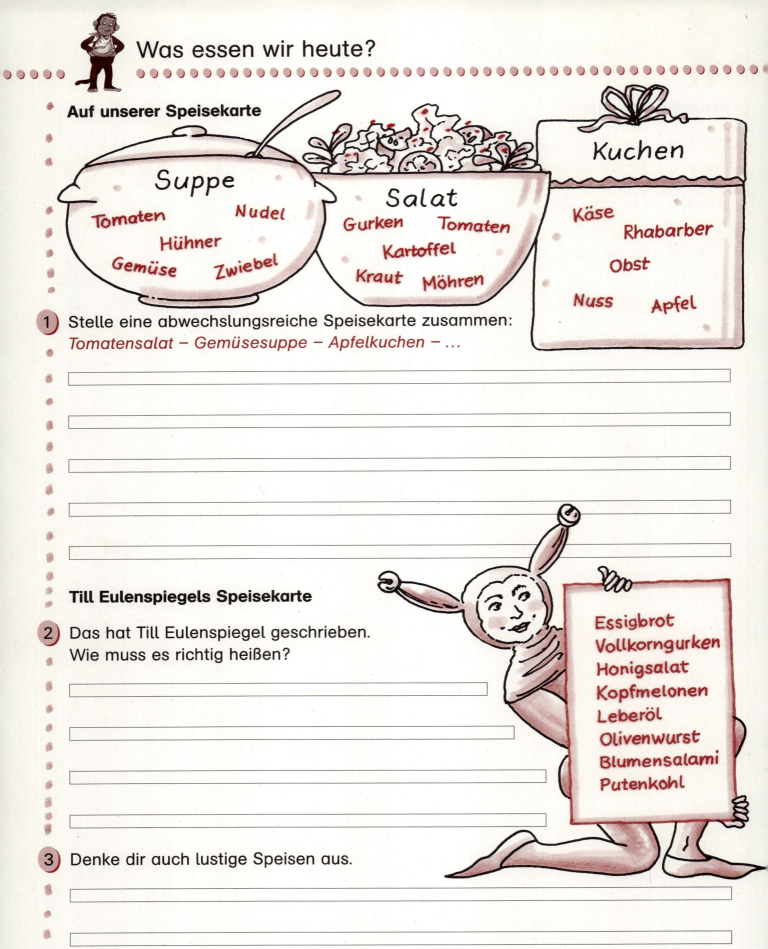

Suppe: Tomaten, Nudel, Hühner, Gemüse, Zwiebel

Salat: Gurken, Tomaten, Kartoffel, Kraut, Möhren

Kuchen: Käse, Rhabarber, Obst, Nuss, Apfel

1) Stelle eine abwechslungsreiche Speisekarte zusammen:
Tomatensalat – Gemüsesuppe – Apfelkuchen – …

Till Eulenspiegels Speisekarte

2) Das hat Till Eulenspiegel geschrieben. Wie muss es richtig heißen?

Essigbrot
Vollkorngurken
Honigsalat
Kopfmelonen
Leberöl
Olivenwurst
Blumensalami
Putenkohl

3) Denke dir auch lustige Speisen aus.

Wörter bilden; zusammengesetztes Namenwort; Groß- und Kleinschreibung

Was essen wir heute?

Der Wortbaustein un-

Mario ist beim Backen nicht aufmerksam.
Maria verhält sich beim Essen nicht geschickt.

1. Wie kannst du die Sätze etwas kürzer aufschreiben?

2. Kannst du das auch kürzer sagen und schreiben?

   nicht gern, nicht gesund, nicht höflich, nicht klar,
   nicht genau, nicht reif, nicht modern, nicht sicher,
   nicht möglich, nicht bestimmt, nicht benutzt, nicht gerade

   ungern

3. Schreibe Sätze mit vier deiner Wörter ins Heft.

Das Gegenteil

vorsichtig, eben, gefährlich, beleuchtet, beweglich, freundlich,
endlich, pünktlich, angemeldet

4. Setze die Wörter mit un- zusammen und schreibe
   die Wortpaare auf: *vorsichtig – unvorsichtig, …*

5. Schreibe mit drei Wortpaaren Sätze in dein Heft.

Wörter bilden; Wiewort; vorangestellter Wortbaustein; Sätze bilden

Was essen wir heute?

Wörter mit -ig

1. Setze die Wörterteile zusammen.
   Schreibe so: *kräftig, …*

   (Blume mit Silben: wolk, eil, farb, kräft, fleiß, langweil, schmutz, hungr, schwier, lust, ruh, saft, durst – Mitte: -ig)

2. Schreibe die Wiewörter mit den Namenwörtern auf:
   kräftig – die Kraft, …

3. Zaubere aus den Namenwörtern mit -ig Wiewörter:
   Wolke, Frost, Eile, Vorsicht, Mut, Gift, Ecke, Sand,
   Kern, Fels, Stein, Schatten, Staub.
   Schreibe so ins Heft: *Wolke – wolkig, …*

4. Ergänze und schreibe auf:

   (Gift)　der _____ Pilz　　(Kern)　das _____ Brot

   (Kraft)　die _____ Suppe　(Staub)　das _____ Obst

   (Sand)　der _____ Salat　 (Saft)　 das _____ Schnitzel

5. Überprüfe alle deine Wiewörter mit dem Wörterbuch.

6. Übermale alle -ig auf dieser Seite farbig.

28

Wörter bilden; Namenwort; Wiewort; nachgestellter Wortbaustein; Groß- und Kleinschreibung; Wörterbuch

Kein Leben ohne Wasser!

Versteckte Wörter kreuz und quer

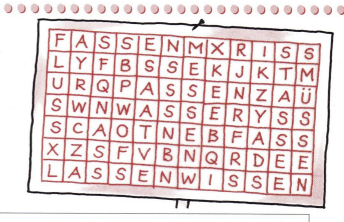

1. Findest du die 12 versteckten Wörter? Übermale sie farbig.

2. Alle versteckten Wörter haben doppelte Mitlaute. Schreibe die Wörter auf. Denke an die Groß- und Kleinschreibung.

3. Übermale die doppelten Mitlaute farbig.
4. Schwinge die Silben der Wörter.
5. Prüft eure Lösungen gegenseitig.

Fässer füllen

Ball, Kanne, Mann, Welle, fallen, Wanne, Bett, kennen, sollen, retten, Zettel, wollen, bitten, voll, nennen, Butter, Mutter, Sonne

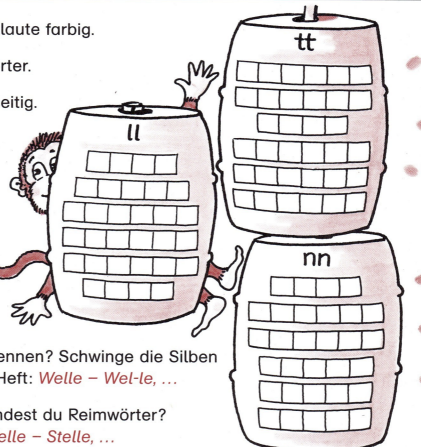

6. Trage diese Wörter richtig ein.

7. Welche Wörter kannst du trennen? Schwinge die Silben und schreibe sie so in dein Heft: *Welle – Wel-le, …*

8. Zu welchen Fass-Wörtern findest du Reimwörter? Schreibe so: *Ball – Knall, Welle – Stelle, …*

29

kurzer Selbstlaut; doppelter Mitlaut; Wörter gliedern; Silben; Silbentrennung; Analogien

Kein Leben ohne Wasser!

Wasserrohrbruch

Dieses lange Wort ist aus den drei Namenwörtern
Wasser – Rohr – Bruch zusammengesetzt.

Wasser | Rohr | Bruch

Diese Namenwörter kannst du auch so zusammensetzen.

Fluss | Schiff | Fahrt

Grund   Wasser   Spiegel
Regen   Mantel   Kragen
Mineral Wasser   Flasche

Wasser   Kreis   Lauf

1) Schreibe die zusammengesetzten Namenwörter auf:
die Flussschifffahrt, …

2) Setze lustige Wörter zusammen:
die Flusskesselfahrt, …

Die Wörterschlange

Donaudampfschifffahrtskapitänsmützenschirm

3) Die Schlange hat ein langes Wort verschluckt.
Trenne die Wörter durch Striche ab.

4) Schreibe die einzelnen Namenwörter auf: *Donau, …*

Wörter bilden; zusammengesetztes Namenwort; Groß- und Kleinschreibung

Kein Leben ohne Wasser!

So ein Quatsch

Die Frösche   quieken   im Stall und draußen.
Manche Leute   qualmen   weniger als früher.
Manche Türen   quaken   am Teich.
Fast alle Schornsteine quietschen   beim Öffnen.
Die Ferkel   quasseln   viel zu viel.

1 Bilde sinnvolle Sätze und schreibe sie auf.

Falsch verbunden

Das Quiz treibt im Meer.
Die Qualle war leicht zu lösen.
Klares Wasser quakt laut.
Der Frosch fließt aus der Quelle.

Quark, quietschen, quieken, Quitte, quellen, quetschen, Qual, quasseln, Quelle, quatschen, Quiz, Qualle

2 Schreibe die Sätze richtig in dein Heft.

Wörter ordnen

Namenwörter	Tunwörter

3 Lege im Heft solch eine Tabelle an und ordne richtig ein.

4 Suche noch mehr Wörter mit Qu/qu für deine Tabelle.

5 Wähle Qu/qu-Wörter aus und schreibe Sätze ins Heft.

6 Denke dir eine Geschichte mit vielen Qu/qu-Wörtern aus und schreibe ins Heft.

qu; Namenwort; Tunwort; Sätze bilden; Geschichte erzählen

Kein Leben ohne Wasser!

Gitterrätsel

X	Y	L	O	P	H	O	N	U	P	T	A	X	I	Q	U
B	A	N	S	R	H	E	X	E	W	V	B	A	F	G	H
S	D	T	E	X	T	M	P	W	C	X	K	H	J	O	P
U	O	V	D	S	C	V	K	L	M	I	X	E	N	A	S
D	G	O	N	I	X	E	O	Q	K	L	A	W	B	D	M
H	H	D	K	K	G	G	B	O	X	E	N	G	T	H	G

1 Hier sind waagerecht sieben Wörter mit X oder x versteckt. Schreibe sie auf.

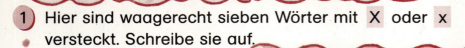

2 Fallen dir noch mehr Wörter mit X oder x ein? Schreibe sie auf.

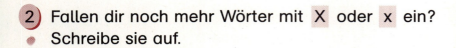

3 Die Wörterschlange hat acht Namen und Namenwörter sowie ein Tunwort mit x verschluckt. Schreibe sie auf.

4 Suche dir mindestens vier X/x -Wörter aus. Schreibe Sätze damit auf.

x; nachschlagen; Sätze bilden

Kein Leben ohne Wasser!

Zwei Wortfamilien

Wörter in Fischen: wassern, Bäder, Badewasser, Wasserwerk, Bademeister, Schwimmbad, wässrig, gebadet, wässern, Bad, badest, Wasserfahrzeug, Bademeatte, Trinkwasser, badete, Gewässer, Kurbad

1. Ordne die Wörter in die Tabelle.
   Ein Wort steht zweimal in der Tabelle.

baden	Wasser

2. Übermale bei allen Wörtern **ä** und **a** mit der gleichen Farbe.

3. Suche zu diesen **ä**-Wörtern passende Wörter mit **a**:
   Fässer, Späße, väterlich, Wände, Zähne, Äste, kräftig, länger, hält, zählen, wählen, Bälle, älter, fällt, Hände.
   Schreibe so: *Fässer – Fass, …*

33

Wortfamilie; ä – a; verschiedene Formen eines Wortes; Schreibung herleiten

Kein Leben ohne Wasser!

Zwei Wortfamilien

Läufe, lief, geräuschvoll, Lauf, abrauschen, Wasserlauf, rauschte, Geräusch, gelaufen, rauscht, laufend, Läufer, gerauscht, Laufwerk, läuft, rauschend, geräuschlos, ablaufen, rauscharm

1) Ordne ein:

rauschen	laufen

2) Findest du noch mehr Wörter zu den beiden Wortfamilien? Trage auch sie ein.

3) Übermale bei allen Wörtern äu und au mit der gleichen Farbe.

4) Suche zu diesen äu-Wörtern passende Wörter mit au:
räumen, Schäume, Zäune, Bäuche, Käufer, Bäume, läuten, Gebäude, säubern, häuslich, äußerlich, träumen, Bäuerin, bräunen, bläulich.
Schreibe so: *räumen – Raum, ...*

Wortfamilie; äu – au; verschiedene Formen eines Wortes; Schreibung herleiten

Hier gefällt es uns

Fragen und Antworten

a) „Zum Bahnhof geht es geradeaus und dann nach rechts."
b) „Ja, bei uns gibt es eine Bibliothek."
c) „Natürlich haben wir ein Kino!"
d) „Das Rathaus ist 1677 erbaut worden."
e) „Nein, ein Schwimmbad gibt es hier leider nicht."
f) „Das höchste Haus bei uns hat zwölf Stockwerke."

1) Schreibe die passenden Fragen zu diesen Antworten auf.
Schreibe so: *a) „Wo ist der Bahnhof, bitte?"*

Ein Gespräch

2) Schreibe die Sätze mit vorangestellten Begleitsätzen ins Heft.
Du kannst solche Wörter benutzen:
vorschlagen, meinen, antworten, fragen, bedauern, sich freuen, sagen, erklären.
Schreibe so: *Maria fragt: „Geht ihr mit ins Kino?"*

Aussagesatz; Fragesatz; wörtliche Rede; vorangestellter Redebegleitsatz; Zeichensetzung; Wortfeld

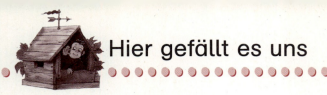

Hier gefällt es uns

Formen von Tunwörtern

1. Welche Wörter reimen sich?

   gefasst, gerissen, geschenkt, gebellt, gesollt, gekannt,
   gestellt, gebogen, gelesen, gezogen, gepasst, gebissen,
   gelacht, gelenkt, genannt, gewesen, gebracht, gewollt
   Schreibe so: *gefasst – gepasst, …*

2. Immer drei Wörter gehören zusammen.

   wissen, sitzen, steigen, sehen, helfen, wusste, half, saß,
   gesessen, gewusst, gestiegen, stieg, sah, gesehen, geholfen
   Schreibe so: *wissen – wusste – gewusst, …*

3. Schreibe die Tunwörter mit ihrer Grundform ins Heft.

   gegangen, gemusst, gezählt, gelegen, gelaufen, geschlafen,
   gezahlt, geflogen, gepackt, gefressen, gefahren, gegeben, gefallen,
   gesehen, geantwortet, gehabt, gemessen, gesungen, gebacken
   Schreibe auf: *gegangen – gehen, …*

Suchbild

Findest du die acht Sachen, die in eine Wohnung gehören?

Analogien; Tunwort; vorangestellter Wortbaustein; verschiedene Formen eines Wortes; Suchbild; Zeitstufen

Hier gefällt es uns

Wortbausteine für Tunwörter

1) Mit den Wortbausteinen und den Tunwörtern kannst du viele Tunwörter bilden:
beschreiben, …

be-	zer-	schreiben
ver-	ab-	beißen
er-	aus	schicken
vor	ein	tragen

2) Schreibe vier Sätze mit diesen Tunwörtern in dein Heft.

Der Wortbaustein ver-

Mit ver- können wir manchmal das Wort machen vermeiden:
kleiner machen – verkleinern   anders machen – …
besser machen – …   größer machen – …
süß machen – …   dunkel machen – …

→ ver……

3) Schreibe die neuen Wörter mit ver- auf.

4) Schreibe je einen Satz mit den neuen Tunwörtern auf.

Tunwort; Wörter bilden; vorangestellter Wortbaustein; Sätze bilden

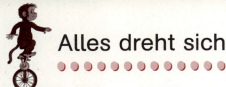

Alles dreht sich

Spuren im Sand

Die Detektive Julia und Mario suchen den Fahrer eines Traktors als wichtigen Zeugen.
Sie prüfen, ob das Fahrzeug hier durchgefahren ist.

Traktor...... | Pferdewagen | Geländewagen
Fahrrad...... | Skateboard.. | Roller........
Dreirad...... | Motorrad..... | Puppenwagen

1. Welche Spuren stammen von welchen Fahrzeugen?
Ordne die Fahrzeuge den Spuren auf dem Bild zu.

Namenwort; Inhalte erschließen; Rätselbild

Alles dreht sich

Spiele mit Satzgliedern

OHNE RÄDER LÄUFT NICHTS

DAS RAD HILFT DEN MENSCHEN

JEDEN TAG ROLLEN VIELE RÄDER ÜBER DIE AUTOBAHNEN

VOR VIELEN JAHREN ERFAND EIN MENSCH DAS RAD

1. Schreibe die Wörter auf Papierstreifen und schneide sie aus.
2. Lege Sätze mit den Papierstreifen.
3. Vergleicht: Habt ihr alle die gleichen Sätze gelegt?
4. Lege andere Sätze.

NICHTS LÄUFT OHNE RÄDER

LÄUFT OHNE RÄDER NICHTS

5. Schreibe alle Sätze auf. Achte auf die Großschreibung am Satzanfang und die Satzzeichen am Satzende.

Sätze bilden; Satzglieder; umstellen; Groß- und Kleinschreibung; Zeichensetzung

Alles dreht sich

Die Radtour

Jacke, Tee, Pullover, Brezel, Schraubenschlüssel, Schraubendreher, Kakao, Saft, Schwarzbrot, Brötchen, Hammer, Mineralwasser, Hose, Zange, Anorak, Kekse

1. Mit welchen Sammelnamen kannst du die Wörter ordnen?
   Schreibe so: *Tee, Kakao, … sind Getränke; …*

Viele Fahrzeuge

Es gibt Luftfahrzeuge, Bodenfahrzeuge und Wasserfahrzeuge.

2. Trage ein und prüfe mithilfe von Wörterbuch oder Lexikon:

Bodenfahrzeuge	Luftfahrzeuge	Wasserfahrzeuge

Namenwort; Sammelnamen; Oberbegriffe; Sätze bilden; Wörterbuch

Alles dreht sich

Viele Fahrzeuge

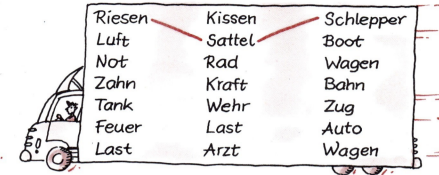

Riesen	Kissen	Schlepper
Luft	Sattel	Boot
Not	Rad	Wagen
Zahn	Kraft	Bahn
Tank	Wehr	Zug
Feuer	Last	Auto
Last	Arzt	Wagen

1) Welche Fahrzeuge findest du?
Schreibe so:
der Riesensattelschlepper, …

2) Du kannst auch verrückte Fahrzeuge zusammenstellen:
der Riesenkissenschlepper, …

3) Zeichne und male dein Traumfahrzeug.

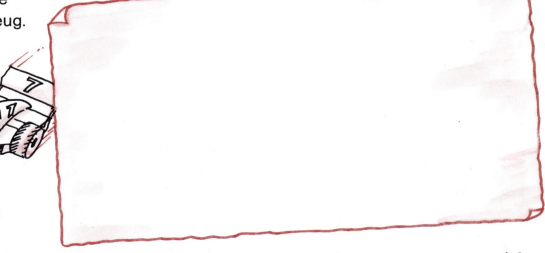

Wörter bilden; zusammengesetztes Namenwort; Groß- und Kleinschreibung

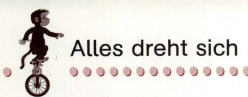

Alles dreht sich

Sätze verlängern

Stefan fährt.
Oliver geht.
Ein Rad rollt.

1 Diese kurzen Sätze kannst du verlängern.

Stefan fährt lieber.
Stefan fährt lieber mit dem Bus.
Stefan fährt lieber mit dem Bus zur Schule.
Stefan fährt diese Woche lieber mit dem Bus zur Schule in die Stadt, weil …

Schreibe möglichst lange Sätze auf.
Wie viele Wörter hat euer längster Satz?

2 Schreibe einen kurzen Satz ins Heft. Dein Partner verlängert ihn.

3 Nun tauscht ihr die Rollen.

Sätze bilden; Sätze erweitern

Alles dreht sich

Sätze verkürzen

Keine einzige Erfindung, die sich ein Mensch bis heute ausdachte, hat das Leben auf der ganzen Welt so beeinflusst, wie es das Rad vor mehr als 5000 Jahren als einfache Holzscheibe getan hat, die schon damals geholfen hat schwere Lasten zu befördern und …

1) Dieser Satz hört und hört nicht auf und er könnte sogar noch weitergehen. Verkürze diesen Satz. Du kannst manche unwichtigen Wörter weglassen:
Keine einzige Erfindung …
Aus dem Rest kannst du mehrere kurze Sätze bilden.

2) Suche im Lesebuch, in deinem Lieblingsbuch, in der Zeitung … lange Sätze und versuche sie zu kürzen.

Sätze bilden; Sätze verkürzen

Alles dreht sich

Wortfamilie „fahren"

Der Zug sollte pünktlich ▨.
Kevin hat ▨, dass sein Fahrrad repariert worden ist.
Auf der Straße wurde eine Katze ▨.
Wegen vieler Schlaglöcher konnte man die Straße nicht ▨.
Nachdem wir uns in der Innenstadt ▨ hatten,
verspäteten wir uns um eine halbe Stunde.

abfahren
anfahren
verfahren
erfahren
vorbeifahren
ausfahren
vorfahren
überfahren
befahren
losfahren

1 Welche Wörter gehören in die Lücken?
Schreibe die Sätze auf.

2 Ordne diese Wörter den beiden Wortfamilien zu.

abstehen, vorgehen, ging, stand, Verstand, Gang, gestanden, gegangen, vorstehen, Vorgang, geht, verstehen, steht, entgehen, abgehen, ausgehen, Stand, vergehen, entstehen

gehen (10)	stehen (9)

Wortfamilie; vorangestellte Wortbausteine; verschiedene Formen eines Wortes; Schreibung herleiten

Alles dreht sich

Wortsterne

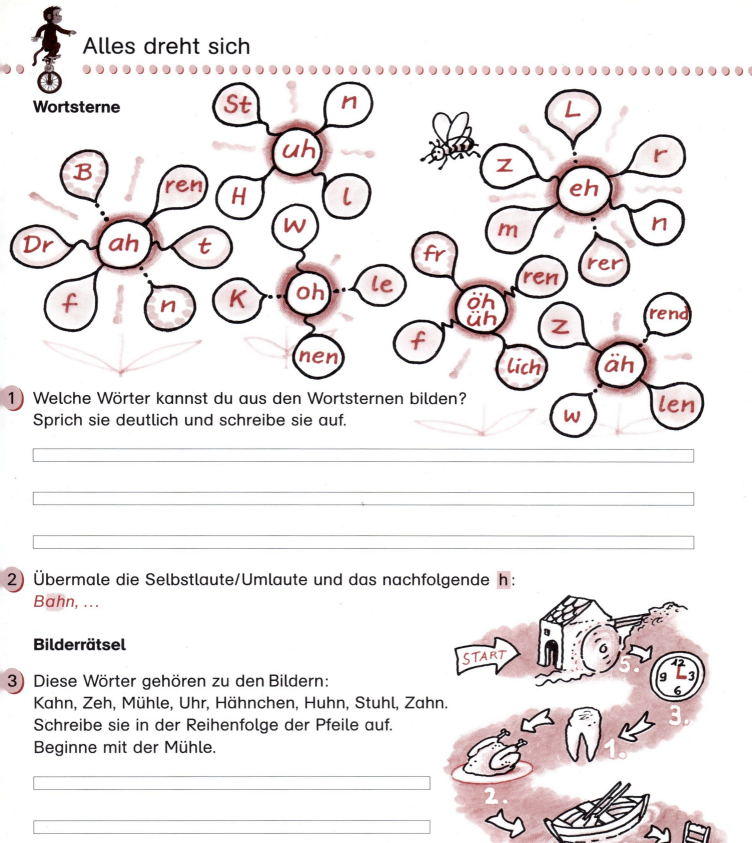

1. Welche Wörter kannst du aus den Wortsternen bilden? Sprich sie deutlich und schreibe sie auf.

2. Übermale die Selbstlaute/Umlaute und das nachfolgende h: *Bahn, …*

Bilderrätsel

3. Diese Wörter gehören zu den Bildern: Kahn, Zeh, Mühle, Uhr, Hähnchen, Huhn, Stuhl, Zahn. Schreibe sie in der Reihenfolge der Pfeile auf. Beginne mit der Mühle.

4. Übermale die Selbstlaute und die Umlaute mit dem nachfolgenden h: *Mühle, …*

5. Schreibe die nummerierten Buchstaben nacheinander auf. Wie heißt das Lösungswort?

langer Selbstlaut; Wörter mit h; Bilderrätsel

Augen auf im Straßenverkehr!

Gitterrätsel

```
m x g r ü n v e r o t n b r e i t
i s c h w e r b n s c h n e l l d
o r a n g e s j g r o ß h q d g w
s t l e i c h t v x h f d i c k ö
k l e i n f t z s c h m u t z i g
a s c h m a l f v d u n k e l d s
ü b l a n g s a m w s a u b e r u
n h a r t g h o c h m d ü n n l o
t e w n i e d r i g s k f l a c h
```

1. Findest du die 20 versteckten Wiewörter? Übermale sie farbig.

2. Schreibe die Wiewörter hier auf.

3. Setze die Wiewörter zu passenden Namenwörtern:
die grüne Ampel, …

4. Schreibe zu den Namenwörtern passende Wiewörter auf.

Auto:

Fahrrad:

Wiewort; Namenwort; Rätsel; Groß- und Kleinschreibung

Augen auf im Straßenverkehr!

Dein erster Ausflug mit dem neuen Fahrrad

1) Schreibe einen Brief an deine Großmutter.
Liebe Omi,
gestern bin ich …

Ein neuer Radweg

Ihr braucht auf dem Weg zur Schule einen Radweg, den die Stadt anlegen soll.

2) Du schreibst einen Brief an Bürgermeister Kuhn:
Sehr geehrter Herr Kuhn, …

Denke daran, diese Anredewörter schreibst du groß: Sie, Ihr, Ihre, Ihren, Ihnen.

47

an andere schreiben; Anredefürwörter; Großschreibung

Tiere und Pflanzen bei uns

Das gibt's doch gar nicht!

"Quak, quak, ich glaub, mich laust der Affe!"

1) Welche lustigen Sprüche sagen die Tiere?

48

nach Vorgaben schreiben

Tiere und Pflanzen bei uns

Zwölf Bilder

1) Suche die vier Bilder aus, die du für eine Geschichte verwenden willst.

2) Ordne die Bilder und schreibe deine Geschichte ins Heft.

3) Welche Bilder haben die anderen gewählt? Besprecht eure Geschichten in der Schreibwerkstatt oder bei der Schreibkonferenz.

4) Hängt eure Geschichten an der Pinnwand oder in der Schreibwerkstatt auf.

Wie heißt die Überschrift?

nach Vorgaben schreiben; Geschichten erzählen; Schreibkonferenz; Texte überarbeiten

Tiere und Pflanzen bei uns

Die Beschreibung

Diese Versteinerung ist 180 Millionen Jahre alt.
Du hast sie im Museum gesehen
und willst sie deinen Freunden genau beschreiben.
Diese Wörter helfen dir:
dünne Stängel, Skelett, Schwimmflossen, Geburt, Junges.

1) Beschreibe die Versteinerung genau.

nach Vorgaben schreiben

Tiere und Pflanzen bei uns

Rekorde

Laura: Mein Fisch schwimmt 30 Kilometer pro Stunde.

Markus: Mein Fisch ist noch schneller.

Anna: Mein Fisch schwimmt am schnellsten.

1) Wer hat welche Karte gezogen?

2) Trage die Wiewörter richtig in die Tabelle ein.

Grundstufe	1. Vergleichsstufe	2. Vergleichsstufe
schnell		
		am höchsten
	älter	
		am größten
schwer		
	weiter	
		am kräftigsten
mutig		
	klüger	

3) Ergänze die Tabelle.

Wiewort; Vergleichsformen; verschiedene Formen eines Wortes; Schreibung herleiten

Tiere und Pflanzen bei uns

Aus einem Buch über Bäume

Wie dick können Bäume werden? (Durchmesser des Stammes)		Wie hoch können Bäume werden?		Wie alt können Bäume werden?	
Birke	0,8 m	Walnussbaum	20 m	Birke	120 Jahre
Rotbuche	1 m	Birke	25 m	Birnbaum	300 Jahre
Lärche	1,6 m	Linde	30 m	Rosenstock	400 Jahre
Tanne	3 m	Rotbuche	44 m	Rotbuche	800 Jahre
Silberpappel	4,5 m	Eiche	50 m	Eiche	1 000 Jahre
Eiche	8 m	Lärche	50 m	Linde	1 000 Jahre
Rieseneukalyptus	8 m	Tanne	75 m	Wacholder	2 000 Jahre
Linde	9 m	Mammutbaum	150 m	Mammutbaum	5 000 Jahre
Mammutbaum	11 m	Rieseneukalyptus	155 m	Sumpfzypresse	6 000 Jahre

1) Vergleiche immer drei Bäume miteinander:
Die Birke wird dick. Die Rotbuche wird dicker <u>als</u> die Birke.
Die Lärche wird von diesen drei Bäumen am dicksten.

2) Was kannst du noch vergleichen?
Schreibe mindestens sechs Sätze auf.

3) Wie schreibst du, wenn zwei Bäume gleich dick, hoch, alt sind?
Die Eiche wird so dick <u>wie</u> die ...

4) Vergleiche: Welcher Baum ist Gesamtsieger?

Wiewort; Vergleichsformen; verschiedene Formen eines Wortes; Schreibung herleiten; Sätze bilden

Tiere und Pflanzen bei uns

Kennst du diese Tiere?

Ö = OE

1) Trage die Namen der Tiere in die Kästchen ein.
Von oben nach unten liest du dann in dem Feld
ein neues Wort.
Wie heißt es? _____

Wer lacht mit?

Ein Pferd spielt Minigolf.
Ruft vom Tennisplatz nebenan ein Känguru:
„He, Sie – wollen Sie nicht rüberkommen?
Ich habe keinen Partner."
Das Pferd ruft zurück:
„Ich glaube, Sie spinnen. Haben Sie schon mal
ein Pferd gesehen, das Tennis spielt?"

Rätsel; Namenwort

Tiere und Pflanzen bei uns

Zwei Treppenrätsel

Haare
Schnee
Kaffee
Tee
Paar
Waage
Zoo
Boot
Lösung:

Dort gibt es viele Tiere.
Damit fährt man auf dem Wasser.
Sie wachsen auf dem Kopf.
Er fällt im Winter.

Getränk zum Aufgießen.
Immer zwei sind ein …
Damit kann man wiegen.
Getränk für Erwachsene.

① Trage die Wörter in das Treppenrätsel ein.

② Kannst du selbst Rätselsätze für ein paar dieser Wörter aufschreiben? Dein Partner rät:
Meer, Saal, Saat, Aal, Moos, Idee, Staat, paar, See, Beere, Beet, Klee, doof.

③ Trage alle Wörter in diese Tabelle ein.

aa	ee	oo

④ Wörter mit „Tee" und Wörter mit „See".
Setze zusammen: *das Teesieb, …*

Sieb, Pferd, Boden, Löffel, Tasse, Beutel,
Löwe, Moor, Kanne, Früchte, Stern, Mann

aa; ee; oo; Wörter bilden; Groß- und Kleinschreibung; Sätze bilden; zusammengesetztes Namenwort

Tiere und Pflanzen bei uns

Welche Wörter gehören zusammen?

Pferde, Berge, Räder, Radler, Bänder, Gebirge, Bergsteiger, Radrennen, Pferdchen, Pferdestall, gebunden, Pferdeapfel, Bändchen, bergig, bergab, Binde, binden, Zahnrad, radeln

Pferd:

Berg:

Band:

Rad:

1) Trage die Wörter richtig ein.

Am Wortende klingt d wie t

Hun☐, Pfer☐, San☐, Fel☐, wil☐, Mun☐, Bil☐, Lie☐, blin☐

2) Verlängere die Wörter und schreibe so:
Hunde – Hund, ...

g oder b

schmutzi☐, gel☐, hal☐, lusti☐, billi☐, trü☐, Kor☐, fleißi☐, kräfti☐, richti☐, Flu☐, sie schrie☐

3) Verlängere und schreibe so:
schmutzige – schmutzig, ...

Auslautverhärtung; verschiedene Formen eines Wortes; Schreibung herleiten

Tiere und Pflanzen bei uns

Pflanzennamen mit zwei Silben

Kie- Fich- kus horn baum
Birn- Tul- Tan- baum Ro- Kirsch- fer lauch
Schnitt- se Kro- A- pe ne te

1) Welche Silben gehören zusammen?

2) Sprich die Wörter, schwinge die Silben:
Birne

bee- fel- chen zis- ra- lat
kohl se Mai-

Pflanzennamen mir drei Silben

Pfingst- Ap- ro- sa- Him- bi baum
Kopf- bee- re glöck- Nar- Blu- se re
Brom- Kohl- men-

3) Welche Silben gehören zusammen?
Schreibe so: *Kopf-sa-lat – Kopfsalat, ...*

4) Sprich die Wörter, schwinge die Silben:
Kopfsalat, ...

5) Suche weitere Pflanzennamen mit drei oder mehr Silben.
Schreibe sie als Silbenrätsel in dein Heft.
Dein Partner löst das Rätsel.

56

Namenwort; Wörter gliedern; Silben; Silbentrennung

Im Jahreskreis

Fünf Rätsel

Es ist fertig und wird doch jeden Tag gemacht.

Er ist unter freiem Himmel und wird doch nicht von der Sonne beschienen.

Gestern war ich morgen. Morgen bin ich gestern.

Sie geht und geht und kommt doch nicht vorwärts.

Du jagst mich, ich jage dich. Du kriegst mich nicht, ich krieg dich nicht. Nie wird es geschehen, dass wir uns sehen.

(1) Löse die Rätsel.

Lösung: das Bett, die Uhr, und die Nacht, der Tag heute, der Tag Schatten

Namenwörter ersetzen

Mario ist allein. <u>Mario</u> spielt mit seinen Autos. Bald wird es <u>Mario</u> langweilig. Zum Glück kommt seine Kusine Maria zu Besuch. <u>Maria</u> fragt: „Können wir mit den Bauklötzen spielen?" Mario ist einverstanden und holt <u>die</u> <u>Bauklötze</u>. Die beiden Kinder beginnen einen Turm zu bauen. <u>Der</u> <u>Turm</u> wächst und wird immer höher. Auf einmal beginnt <u>der</u> <u>Turm</u> zu schwanken und stürzt ein. Wer war schuld? Maria sagt Mario, <u>Mario</u> sagt <u>Maria</u>. Die beiden Kinder streiten eine Weile. Aber bald spielen <u>die</u> <u>beiden</u> <u>Kinder</u> weiter.

(2) Ersetze die unterstrichenen Wörter durch Fürwörter. Schreibe den neuen Text auf.

Rätsel; Namenwort; persönliches Fürwort

Im Jahreskreis

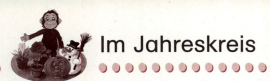

Das gereimte Jahr

Tritt frisch und klar ins neue Jahr
und rodle durch den Januar!
   Im Februar hüpf wie ein Ball
   bunt schillernd in den Karneval!
Im Frühjahr blicke wie der März
mit Primelaugen sommerwärts!
   Trag warme Sachen im April!
   Dann kann er machen, was er will.
Wenn alles duftet, grünt und blüht,
sing wie der Mai ein Frühlingslied!
   Im Juni fahr das Heu ins Haus
   und radle an den See hinaus!
Empfang den Juli mit Hurra,
denn bald sind deine Ferien da!
   Und bade, spiel und toll mit Lust
   im warmen, prächtigen August!

Bleib heiter, wenn die Blätter fallen
und die Septembernebel wallen!
   Und im Oktober musst du schaun
   die Wälder, gelb und rot und braun!
Nimm dich in Acht vor Mumps und Husten,
wenn die Novemberwinde pusten!
   Doch den Dezember fürchte nicht!
   Er zündet an das Weihnachtslicht.
Ein Jahr ist bald herum. Jedoch:
Sehr viele Jahre folgen noch.

James Krüss

1 Schreibe das Gedicht in dein Heft.

2 Schreibe die Monatsnamen heraus, übe sie.

3 Schreibe auf, welche Dinge für dich in jedem Monat wichtig sind:
Januar: Geburtstag, Ende der Ferien, …

1 *Januar:*
2 *Februar:*
3
4
5
6
7
8
9
10
11
12

Namenwort

Im Jahreskreis

Ein Wort – zwei Bedeutungen

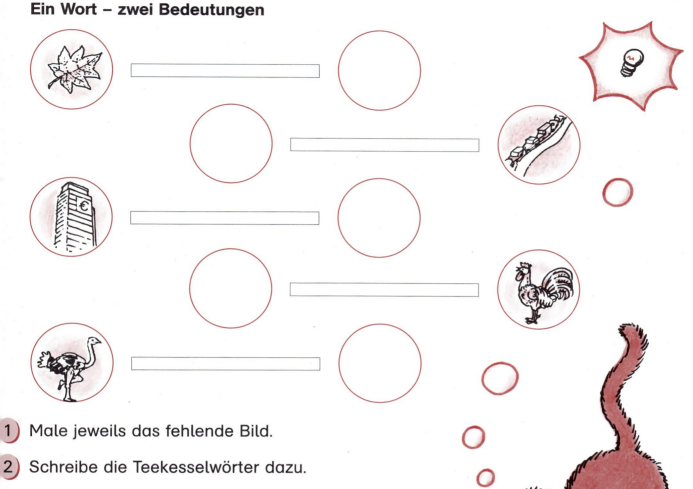

1. Male jeweils das fehlende Bild.
2. Schreibe die Teekesselwörter dazu.
3. Schreibe die Teekesselwörter nun genauer auf:
   das Blatt aus Papier – das …
4. Schreibe und male eigene Teekesselwörter:
   Meine Teekesselchen heißen …

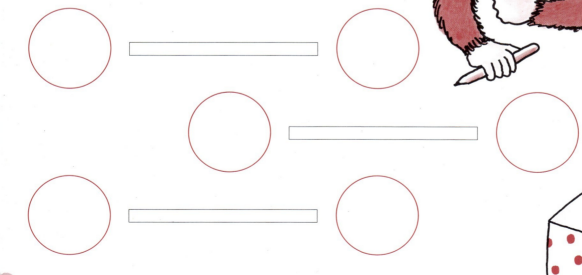

5. Spiele mit einem Partner „Teekesselchen". Die anderen raten.

mehrdeutige Wörter

Im Jahreskreis

Es war eine Mutter, die hatte vier Kinder …

1) Was fällt dir ein, wenn du an die einzelne Jahreszeit denkst?
Schreibe passende Wörter auf, wie sie dir gerade in den Sinn kommen.
Suche auch für die anderen Jahreszeiten ein passendes Zeichen.

Frühling

Ostern, blühende Bäume, Kuckuck, hellgrün, Schnee schmilzt, säen, „Himmel und Hölle", wachsen, Schneeglöckchen, Blumen suchen, junge Vögel

Sommer

Herbst

Winter

2) Lest eure Stichwortgruppen vor.
Die anderen Kinder erraten die Jahreszeit.

Assoziationen; Sammelnamen; Oberbegriffe

Fragekarte
Was gehört dazu, wenn Gespenster eine Party feiern?
Noch einmal würfeln!

Fragekarte
Kannst du ein langes Wort mit acht Silben und dem Wort „Gespenster" bilden?
2 Felder vor!

Fragekarte
Wie heißt der 14. Buchstabe des Alphabets? Nenne ein Wort dazu.
3 Felder vor!

Fragekarte
Welche Getränke gibt es bei einem Gespenstertreffen? Nenne fünf Getränke.
2 Felder vor!

Fragekarte
Gespenst Kunibert geht mit seiner Freundin aus. Wohin gehen die beiden?
Noch einmal würfeln!

Fragekarte
Kennst du einen Gespensterwitz? Erzähle bitte einen.
4 Felder vor!

Fragekarte
Warum haben Gespenster oft Leintücher an? Nenne drei Gründe dafür.
Noch einmal würfeln!

Fragekarte
Wo halten sich Gespenster tagsüber auf? Nenne drei Möglichkeiten.
3 Felder vor!

Fragekarte
In welcher Zeit feiern die Gespenster ihre Geisterstunde? Von … bis …?
2 Felder vor!

Fragekarte
Kennst du fünf Wörter, in denen das Wort „Geist" vorkommt?
Noch einmal würfeln!

Fragekarte
Kennst du ein Wort, das mindestens aus vier Silben besteht?
2 Felder vor!

Fragekarte
Wie heißt der 18. Buchstabe des Alphabets? Nenne ein Wort dazu.
3 Felder vor!

Fragekarte
Wie spricht man „st" in „Geisterstunde" richtig aus?
2 Felder vor!

Fragekarte
Wie könnte eine gute Überschrift zu einer Gespenstergeschichte heißen?
Noch einmal würfeln!

Fragekarte
Was könnte in einer Schatzkiste alles drin sein? Nenne fünf Dinge.
4 Felder vor!

Fragekarte
Wie könnte der erste Satz zu einer Gespenstergeschichte heißen?
Noch einmal würfeln!

Fragekarte
Was essen Gespenster besonders gerne? Nenne fünf Dinge.
3 Felder vor!

Fragekarte
Wie heißt der 17. Buchstabe des Alphabets? Nenne ein Wort, das so beginnt.
2 Felder vor!

Fragekarte
Was trinken Gespenster besonders gerne? Nenne fünf Dinge.
Noch einmal würfeln!

Fragekarte
Was gehört alles zu einer tollen Gespensterverkleidung? Nenne fünf Dinge.
Vier Felder vor!

Fragekarte
Wie heißen die Gespenster aus unserer Geisterstunde? Nenne zwei Namen.
3 Felder vor!

Ereigniskarte
Du triffst das freundliche Gespenst Balduin und hast Angst. Warum eigentlich?
5 Felder zurück!

Ereigniskarte
Gespenst Eulalia zeigt dir einen Trick, wie du schneller vorwärts kommst.
7 Felder vor!

Ereigniskarte
Ritter Kunibert klappert mit seinem Gebiss. Du versteckst dich schnell.
Einmal aussetzen!

Ereigniskarte
Du musst dich beeilen, dass du zur Geisterstunde pünktlich bist.
8 Felder vor!

Ereigniskarte
Im Großen Saal tanzen alle Geister in der Geisterdisco. Du tanzt gleich mit.
Zweimal würfeln!

Ereigniskarte
Gespensterwuzzi fliegt mit dir eine Runde um die Burg. Du bist begeistert.
4 Felder vor!

Ereigniskarte
Du hast dein Geisterbuch vergessen und musst es holen.
4 Felder zurück!

Ereigniskarte
Du hast das Geheimnis der Geisterstunde an deinen Freund verraten. Schade!
Zweimal aussetzen!

Ereigniskarte
Du fliegst mit Gespenst Drulli ins Schulhaus und zauberst alle Hausaufgaben weg.
5 Felder vor!

Ereigniskarte
Um ein Uhr ist die Geisterstunde vorbei. Du ruhst dich noch ein bisschen aus.
Einmal aussetzen!

Ereigniskarte
Du bist allein durch die Geisterburg gegangen und hast dich verlaufen.
Erst bei einer Sechs weitergehen!

Ereigniskarte
Du hast eine tolle Geistergeschichte geschrieben. Alle fanden sie prima.
Zweimal würfeln!

Ereigniskarte
Du hast Balduin geärgert. Er schickt dich deswegen in ein anderes Geisterzimmer.
5 Felder zurück!

Ereigniskarte
Der 13. Schlüssel zur Schatzkammer fehlt. Du musst ihn wieder suchen.
7 Felder zurück!

Ereigniskarte
Du hast eine Gespensterzahnpasta erfunden. Sie funktioniert ganz prima.
5 Felder vor!

Ereigniskarte
Du hast den 13. Schlüssel der Gespensterschatzkammer gefunden. Jetzt hast du es eilig.
6 Felder vor!

Ereigniskarte
Du bist in der Gruselkammer eingeschlossen. Warte, bis dir jemand aufschließt.
Bei einer Sechs weitermachen!

Ereigniskarte
Das kleinste Gespenst hat seine Mutter verloren. Du bringst es zu ihr.
4 Felder vor!

Ereigniskarte
Du trittst einem Gespenst auf seinen Mantel. Ihr fallt beide hin.
Einmal aussetzen!

Ereigniskarte
Du singst im Gespensterchor mit. Leider ganz falsch. Du musst noch üben.
Zweimal aussetzen!

Ereigniskarte
Du singst im Gespensterchor mit. Es klingt ganz prima.
Zweimal würfeln!

EreignisEreignisEreignisEreignisEreignisEreignisEreignisEreignisEreignisEreignis...